DE:

PARA:

Título do original em inglês: *Thoughts and Reflections on Billy Graham's Life Principles*
Zondervan Corporation, EUA
Primeira edição em inglês: 2005
Tradução: Gleyce Duque
Revisão: Daniele Pereira
Adaptação de capa, projeto gráfico e editoração: Eduardo Souza

CDD: 242 - Vida Cristã
ISBN: 978-85-263-0808-4

As citações bíblicas foram extraídas da versão Almeida Revista e Corrigida, edição de 1995, da Sociedade Bíblica do Brasil, salvo indicação em contrário.

Para maiores informações sobre livros, revistas, periódicos e os últimos lançamentos da CPAD, visite nosso site: http://www.cpad.com.br

SAC — Serviço de Atendimento ao Cliente: 0800-701-7373

Casa Publicadora das Assembléias de Deus
Caixa Postal 331
20001-970, Rio de Janeiro, RJ, Brasil

1ª edição/2006

EDIÇÃO DA CRUZADA COMEMORATIVA 2005

PENSAMENTOS E REFLEXÕES SOBRE *os Princípios de Vida de* BILLY GRAHAM

1ª Edição

CPAD

Rio de Janeiro
2006

Introdução

Enquanto Billy Graham conduz sua cruzada na cidade de Nova Iorque em junho de 2005, que tal tirar um tempo apropriado para refletir sobre a honra de sua vida e trabalho?

Enquanto eu era um adolescente em Charlotte, Carolina do Norte, o jovem Billy respondia ao chamado de Deus na sua vida. O ministério que resultou desse chamado tem sido extraordinário. Ele tem fielmente estendido o convite para seguir a Jesus Cristo a homens e mulheres de todas as raças, educação e culturas, causando um impacto em milhares de vidas ao redor do mundo.

Embora muitos evangelistas sejam ministros bem-conceituados, poucos têm experimentado a reputação internacional do Dr. Graham, e nem sequer mantiveram o nível de integridade que caracterizou a Associação Billy Graham por mais da metade do século.

Billy Graham construiu sua vida permanecendo firme neste fundamento. Seu amor por Deus e pela Palavra, e compromisso pela simplicidade da mensagem do evangelho serviu de estrutura e suporte para cada aspecto de sua organização evangelística. Dentro das páginas deste livro você irá ouvir através de membros da família, amigos e relatos de conhecidos os valores que tem caracterizado a vida e ministério de Billy Graham. Você fará uma pitoresca viagem através de algumas cruzadas de Billy Graham, e lerá suas próprias reflexões acerca de sua fé e visão.

Esperamos que você ganhe novos *insights* a respeito deste homem, Billy Graham. E, mais do que isto, esperamos que este livro possa encorajar uma fé renovadora e compromisso pelo Deus que ele serve tão fielmente.

Vozes que Você Ouvirá

As pessoas que você irá encontrar nestas páginas são algumas de muitas que tem caminhado com Billy Graham por toda a sua vida e ministério. Algumas delas são membros de sua família; algumas tem sido o seu auxílio; outras tem servido lado a lado com ele.

Busby, Russel — Fotógrafo da BGEA — Billy Graham Evangelistic Association (Associação Evangelística Billy Graham).

Crowley, Mary — Membro diretor da BGEA; amigo de Billy Graham.

Ferm, Robert O. — Membro da equipe da BGEA.

Ford, Leighton — Evangelista associado à BGEA; cunhado de Billy Graham.

Graham, Melvin Thomas — Irmão de Billy Graham.

Graham, Morrow Coffey — Mãe de Billy Graham.

Graham, Roy W. — Evangelista e amigo de faculdade de Billy Graham; evangelista associado à BGEA.

Jenkins, Jerry — Escritor; consultor e editor contribuinte de *Just As I Am*.

Landes, James H. (Dr.) — Secretário-Executivo da Mesa Diretora da Convenção Batista Geral do Texas, Dallas; amigo de anos de Billy Graham.

McElroy, Catherine G. — Irmã de Billy Graham.

Pollock, John Charles (Rev., Dr.) — Biógrafo de Billy Graham.

Shea, George Beverly — Locutor de rádio, 1929-52; "sócio-fundador" da BGEA; solista das cruzadas da BGEA.

Smith, Oswald J. — Fundador da *The People's Churh,* Toronto, ativo no ministério de Billy Graham.

Van Kampen, Robert C. — Amigo pessoal de Billy Graham, membro da Mesa de Diretores da BGEA.

Wilson, Grady — membro da equipe BGEA, 1947- até a presente data, amigo de infância de Billy Graham.

Sumário

Convenção Missionária
Estudantil de Urbana, 1976

Princípios de Vida 1

IDE POR TODO *o* MUNDO *e* PREGAI *o* EVANGELHO

O comando de Jesus para expandir a mensagem do evangelho tem sido a base do ministério evangelístico de Billy Graham pelo mundo inteiro.

Há muitas formas de evangelismo como [Billy] disse. Se você puder sentar e conversar com uma pessoa que se converteu na cruzada um ou dois anos depois, muitas vezes irá descobrir que este foi o momento em que algo aconteceu dentro de seus corações e então elas seguiram em frente.

Mas muitos passos o guiaram para esta decisão. Acredito que este evangelismo e cruzada é simplesmente um segmento. Billy não limita o seu evangelismo a um ministério particular.

RUSS BUSBY

Cruzada, 1968

Ide por Todo *o* Mundo *e* Pregai *o* Evangelho

Um dos mais comoventes lugares em que ele falou foi no hotel Waldorf Astoria, em Nova Iorque, para uma organização judaica. Ele começou dizendo que poderia estar traindo sua causa se falasse acerca de qualquer outra coisa do que acreditasse... Mas Billy... usou [somente] ilustração[s] do Antigo Testamento. Ele terminou com uma simples palavra: "Realmente a única diferença entre o que vocês crêem e o que eu creio é que acredito que Jesus foi o Messias e vocês ainda estão procurando pelo Messias"... Acho que a sua honestidade é a razão por que é convidado a voltar em vários lugares, e por não ser ofensivo, até agora nunca falhou em apresentar a Cristo claramente.

Russ Busby

Com o presidente
Stroessner, Paraguai

Ide por Todo *o* Mundo *e* Pregai *o* Evangelho

No Paraguai, durante a viagem ao Sul da América..., [Billy] foi visitar o presidente Stroessner. Este era um Estado militar. Eles conversaram sobre diversos assuntos. Eu estava lá, tirei algumas fotografias e me afastei para o lado...

Ele falou acerca de muitas coisas e depois, antes de retirar-se, (ele sentiu que era hora de ir embora), disse: "Sr. presidente, eu gostaria de lhe dizer o que aconteceu comigo quando eu era um estudante universitário". Deu-lhe um simples e bonito testemunho de como aceitou a Cristo, acreditou na Bíblia, e como isso mudou sua vida inteira.

Russ Busby

Congresso de Evangelismo em Berlim, Alemanha, 1966

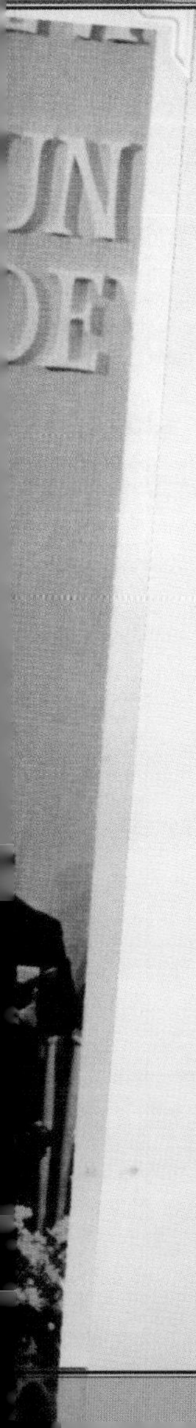

Ide por Todo *o* Mundo *e* Pregai *o* Evangelho

Em meu discurso de abertura, lembrei aos representantes [que compareceram] à conferência de Edimburgo em 1910: "Um dos propósitos deste Congresso Mundial de Evangelismo é fazer um apelo urgente à igreja mundial, a retornar ao zelo dinâmico de evangelização no mundo que caracterizou os cinqüenta e seis anos atrás na cidade de Edimburgo... A colheita evangelística é sempre urgente. O destino dos homens da nação está sempre sendo decidido. Cada geração é crucial; cada geração é estratégica. Mas nós não somos responsáveis pelas gerações passadas, e não podemos carregar total responsabilidade pela próxima. Entretanto, temos *nossa* geração! Deus irá nos responsabilizar no Tribunal de Cristo por não termos cumprido bem nossas responsabilidades e tirar proveito delas".

Billy Grahmam, *Just As I Am*

Princípio de Vida 2

Fiz-me Tudo *para* Todos

Ao longo de sua vida Billy Graham seguiu o exemplo do apóstolo Paulo, que se fez acessível às pessoas através de cada passo de sua vida, a fim de alcançá-las com a mensagem de Cristo.

Billy é, até onde ele pode ser, eu acho, verdadeiro, sincero, um proclamador da Palavra de Deus, que tem encantado com aparência e dimensão e todas destas qualidades que levam ao carisma, acrescido de um dom de Deus que lhe permitiu falar a reis, príncipes e homens superiores de uma forma efetiva.

James H. Landes

Com o presidente Kim Il Sung,
Coréia do Norte, 1992

FIZ-ME TUDO *para* TODOS

Tenho certeza de que [Billy] poderia usar palavras persuasivas se quisesse. Mas se eu não poderia entendê-las, então 90% do público também não entenderia. Por esta razão ele foi muito claro, muito franco e simples em seu ministério. Ele conduziu pessoas ao Senhor que eu sinceramente acredito que nunca viriam a Cristo se tentasse mostrar a sua educação e sua habilidade intelectual.

MELVIN THOMAS GRAHAM

Oakland A's, 1971

FIZ-ME TUDO *para* TODOS

Acho que cada pessoa em cada movimento tem certeza de que são incapazes de reagir. Para a classe média americana de seu convívio, o fato de Billy ter sido capaz de alcançar pessoas muito, muito ricas até a mais pobre é o primeiro indício de quão universal o evangelho é, e segundo, o quanto Deus pode tirar-nos de nossos ambientes e ampliar nossas habilidades e ministério.

LEIGHTON FORD

Com as vítimas de terremoto, Guatemala, 1976

Fiz-me Tudo *para* Todos

Ele costuma manter simplicidade em sua pregação e, com muita satisfação, sempre que o ouvia em seu notável e transparente caminho, pode expressar incontestáveis e fortes argumentos teológicos e fazer com que isto parecesse quase como uma conversa de cozinha. Ele fala de modo que uma criança de doze anos de idade compreenderia conceitos com os quais teólogos experientes têm de lutar.

Robert O. Ferm

Fiz-me Tudo *para* Todos

A mensagem do evangelho nunca muda — e por uma boa razão: Deus nunca muda, e nem nossa necessidade espiritual básica ou a resposta dEle para esta necessidade. Mas os *métodos* de apresentação desta mensagem precisam mudar — e, na verdade, eles precisam mudar se estamos nos mantendo em dia com as mudanças do mundo. Se falharmos em resolver a brecha entre nós e daquilo que esperamos alcançar, nossa mensagem não será comunicada, e nossos esforços serão em vão. Durante este século, Deus tem nos concedido novas ferramentas para fazer seu trabalho — ferramentas eletrônicas e visuais, como o rádio, filmes, televisão, telefones — e cada uma destas cumpre um importante papel na expansão do nosso ministério.

Billy Graham, *Just As I Am*

Johnny Carson, 1972

Pregando cedo em seu ministério

Princípios de Vida 3

Porque Não Me Envergonho *do* Evangelho *de* Cristo

A mensagem de Billy Graham nunca vacilou; ele tem sido verdadeiro no evangelho de Cristo desde o início de seu ministério até os dias de hoje.

[Billy] prossegue fazendo o bem. Nós temos homens que têm dons incomuns em mente, mas quando você pensa em Billy, ele se destaca, porque é uma figura internacional que tem persistido na verdade do evangelho, que tem estado em pátios de grandes universidades.

E depois de estar lá, ainda que houvesse aqueles que discordassem dele, sairia como se isto fosse uma regra, com a grande maioria deles, no mínimo, respeitando-o.

James H. Landes

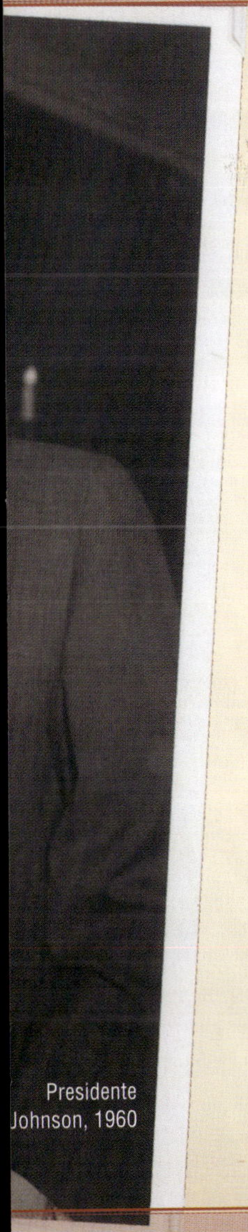

Presidente Johnson, 1960

Porque Não Me Envergonho *do* Evangelho *de* Cristo

Devo dizer que as... apresentações verbais que Billy fez são claras e genuínas. Eu o ouvi falar a chefes de Estado, embaixadores, e a todos que possuem uma posição politicamente, no mundo inteiro. Nunca o vi variar sua mensagem. Tenho imenso afeto por ele porque acho que, de certa forma, ele tem sido um presente de Deus para dizer a coisa certa na hora certa, mas nunca sem compromisso e de qualquer maneira.

Acho que isso é um dom do Espírito. Realmente penso assim. Apenas tenho sido tocado mais e mais.

James H. Landes

Lendo em casa, 1972

Porque Não Me Envergonho *do* Evangelho *de* Cristo

Ele tem crescido tremendamente... no que diz respeito a sua entrega e na experiência, inteligência e conhecimento... [Mas] não há mudança, qualquer que seja, em sua mensagem.

A mensagem ainda tem o mesmo som evangélico que ele sempre tem pregado e está fortemente sendo pregada como nunca antes.

Oswald J. Smith

Trafalgar Square,
Londres, 1954

Porque Não Me Envergonho *do* Evangelho *de* Cristo

Recordei-me de um velho pregador metodista que veio de Harringay Arena, em Londres, em 1954: "Eu estou aqui todas as noites, por noventa e três noites", ele nos disse, "e tenho ouvido somente uma única mensagem". Ele quis dizer que isso é um cumprimento, para que ele soubesse que existe somente uma única mensagem cristã.

Billy Graham, *Just As I Am*

Princípio de Vida 4

BUSCAI PRIMEIRO *o* REINO *de* DEUS *e a* SUA JUSTIÇA

Billy Graham é conhecido pela suas prioridades transparentes — sua principal dedicação tem sido o chamado de Deus em sua vida.

Meu esgotamento não foi causado simplesmente por uma intensa agenda. Um médico, que também era um evangelista, uma vez me disse que o trabalho mais difícil que uma pessoa pode fazer é pregar um sermão evangelístico. Se isto é verdade ou não, eu não sei. O que de fato sei é que a pregação evangelística está física e emocionalmente escoando. A razão por que isto está escoando é que estou sempre desejoso por compromisso. Uma outra razão é que falar de problemas com conseqüências eternas é uma grande responsabilidade, e estou sempre preocupado em não fazer a mensagem clara ou dizer algo que é enganoso.

BILLY GRAHAM, *JUST AS I AM*

Despedindo-se, meados de 1950

Buscai Primeiro *o* Reino *de* Deus *e a* Sua Justiça

No estrangeiro há muitas pessoas que nunca ouviram falar de Billy Graham... dependendo de qual país do mundo você está. Quando você chega aos chefes de Estado, muitos deles definitivamente sabem sobre o Sr. Graham. Talvez não saibam de tudo, mas têm respeito por ele. Neste caso, estou acostumado com isso, eles têm muita abertura em recebê-lo não como um pregador, mas o recebem como um embaixador dos Estados Unidos, sabendo que ele é respeitado aqui... No entanto, não têm consciência de que ele realmente é um embaixador, como ele mesmo disse muitas vezes,... representando o céu e não os Estados Unidos.

Russ Busby

Presidente Bóris
Yeltsin, Moscou, 1991

BUSCAI PRIMEIRO *o* REINO *de* DEUS *e a* SUA JUSTIÇA

Billy se apaixonou pelo evangelismo. Ele não se tornou o presidente dos Estados Unidos da América e não tentou ser. E apesar de toda probabilidade de poder tornar-se presidente, Billy rejeitou cada oferta de todo o tipo e se dedicou estritamente ao evangelismo. Ainda persiste, principalmente, como um evangelista. É o que ele é. Ele tem feito o trabalho que gosta e que nenhum outro evangelista fez na história do mundo.

OSWALD J. SMITH

Cruzada, 1974

BUSCAI PRIMEIRO *o* REINO *de* DEUS *e a* SUA JUSTIÇA

Nunca visitei uma pessoa importante — ou quem quer que seja — sem ter uma profunda compreensão de quem sou — antes de tudo — um embaixador do Reis dos reis e Senhor dos senhores. A partir do momento que entrava na sala, estava pensando sobre como poderia conduzir a conversa acerca do evangelho. Nós tivemos a oportunidade de discutir, primeiramente, sobre diversas coisas periféricas, mas eu sempre pensei a forma de como poderia compartilhar Cristo e sua mensagem de esperança. Faço todo o esforço possível para ser sensível as suas posições e seus pontos de vista, mas raramente saio sem tentar explicar o significado do evangelho, a menos que Deus indique com toda a clareza que não é a hora certa para esta pessoa. Ninguém nunca recusou a ouvir-me.

BILLY GRAHAM, *JUST AS I AM*

Primeiro-ministro Li Peng, Beijing, China, 1988

Conversando com estudantes, 1965

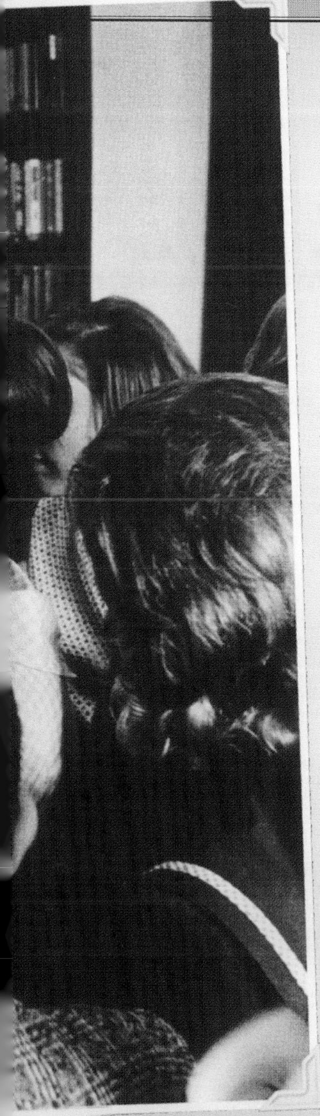

Princípio de Vida 5

Cada Um Considere *os* Outros Superiores *a* Si Mesmo

Apesar do difundido impacto de seu ministério, Billy Graham nunca reivindicou glória para si mesmo, mas somente para Deus.

Brody Griffith... o editor do jornal de Charlotte na mesma época disse: "O evangelista não permitiu que sua sociedade com os presidentes e reis interferisse entre seus amigos e nem em sua caminhada de vida".

Russ Busby

Cada um Considere *os* Outros Superiores *a* Si Mesmo

Um conceituado homem disse-me que sabia de tudo sobre os atuais evangelistas que cresceram com Billy e afirmou: "Billy Graham é o único que Deus poderia realmente usar", na sua opinião, "porque ele é único e verdadeiramente humilde o bastante".

Russ Busby

Cruzada, 1986

Cruzada, 1972

Cada um Considere *os* Outros Superiores *a* Si Mesmo

Um dos mais belos editoriais escritos sobre Billy surgiu no *Baptist Standard* muitos anos atrás, quando E.S. James era o editor. Este foi o destaque do seu editorial: "Apesar de todas as exposições, aplausos e elogios, Billy manteve o tipo de atitude que um ministro deve manter. Não é [ele mesmo]; este é o evangelho que ele proclama. Sua humildade é verdadeira."

James H. Landes

POLICE

Harlem, 1957

Cada um Considere *os* Outros Superiores *a* Si Mesmo

Lembro-me de que na Cruzada de Nova Iorque, em 1957, ele queria mudar o nome da Associação Evangelística Billy Graham para Associação Evangelística Americana ou algo parecido com este título. Desejava retirar o seu nome disso. Queria a destituição unânime de votos de toda a equipe da mesa de diretores. Acredito que isto foi um indício de como as pessoas se sentiam em trabalhar com ele, e também de como ele se sentia. Ele ainda é extremamente sensível a grandes publicidades e deseja que isto seja evitado.

Robert O. Ferm

Respondendo ao chamado para seguir a Cristo, Houston, 1965

Cada um Considere *os* Outros Superiores *a* Si Mesmo

Quando olho para os anos atrás... sei que o meu mais profundo sentimento é a gratidão. Eu não posso tirar vantagem de qualquer que seja o que Deus tenha escolhido realizar através de nós e de nosso ministério; somente Deus merece a glória, e nunca poderemos agradecer-lhe o suficiente as grandes coisas que tem feito.

Billy Graham, *Just As I Am*

Princípio de Vida 6

A LUZ *dos* OLHOS ALEGRA *o* CORAÇÃO

Apesar de levar suas responsabilidades muito a sério, a tranqüilidade constante de Billy Graham está presente em seu ministério e traz um sorriso no rosto daqueles que ele toca.

Nós éramos apenas uma família de classe média rural e ele, um simples garoto de classe média rural, acredito que cheio de travessuras e simplesmente se divertindo.

CATHERINE G. MCELROY

Depois de chegarmos ao Ensino Médio, Billy, T.W. e eu fomos vender as escovas *Fuller*... Nós jogamos bola naquele verão. Jogávamos mais do que trabalhávamos. Então Billy, de uma maneira estranha, superou o gerente regional da Companhia *Fuller Brush*. Ele vendeu mais escovas do que qualquer outra pessoa nesta parte da América.

GRADY WILSON

Billy, fazendeiro e vendedor

A Luz dos Olhos Alegra o Coração

Eu estive brevemente com outros evangelistas, mas me identifiquei com o Sr. Graham, o que parecia ser um bom começo e iria trazer bons resultados...

Eu sabia apenas que ele seria convidado muitas e muitas vezes. As pessoas queriam ouvi-lo mais e mais... Senti que seria desta maneira quando o encontrei pela primeira vez. Veio até o escritório, alto, franco, honesto e sorridente. O que ele disse sempre fez um certo sentido, e até hoje ele tem um tipo de qualidade instigante.

George Beverly Shea

George Beverly Shea
e Billy Graham

A Luz dos Olhos Alegra o Coração

O golfe não só me concedeu uma forma de relaxar, mas também uma chance de exercitar meu ministério de forma bem à vontade e informal, quando orei com pessoas bem conhecidas. O jogo de golfe (e outros encontros informais) com o presidente permitiu-nos estar mais próximos, num mesmo nível espiritual.

Billy Graham, *Just As I Am*

No campo de golfe, 1972

Presidente Syngman Rhee,
Coréia do Sul, 1951

Princípio de Vida 7

Dando Ouvidos à Sua Voz

Billy Graham é um homem que ouve a calma e suave voz de Deus e lhe obedece.

Eu notei em minha própria vida... a habilidade de Billy para compreender as pessoas... É um grande estudioso da natureza humana. É intuitivo, e posso me lembrar duas ou três vezes quando ele quase leu minha mente e coração.

Leighton Ford

Billy em seu estudo, 1968

Dando Ouvidos *à* Sua Voz

Fico impressionado, assim como outros, com o fato de que ele não repete sua mensagem. Está sempre alerta para novas maneiras de fazer isso. É evidente que ele não lê mais que um parágrafo ou dois ocasionalmente. Poderia repetir o sermão "O Lar Americano" palavra por palavra. Isto seria maravilhoso, mas ele nunca fez. Precisa descobrir novas idéias.

Não é um evangelista que tem um monte de sermões e que continua repetindo.

George Beverly Shea

illy no edifício
eachtree Arcade.
tlanta, GA, 1950

Dando Ouvidos *à* Sua Voz

Notei em sua pregação uma certa característica diferente de qualquer outra pessoa que já ouvi... Quando ele se dirige ao púlpito para pregar...você não pode ajudar, mas nota um real poder sobrenatural falando através dele... Isto é algo que não é planejado ou considerado porque ninguém poderia fazê-lo bem... Ele pode prender a atenção das pessoas lá fora, em uma distância considerável de quem realmente não consegue vê-lo bem o suficiente para ter certeza de sua aparência física ou qualquer outra coisa. Eles estão vendo apenas que há um homem lá em cima. Mas o que eles estão ouvindo é algo completamente diferente. É o fato de que Deus está trabalhando através de um homem de tal modo que, ao passo que ele está comunicando uma mensagem, é o que Deus deseja que ele ouça.

Robert O. Ferm

Dando Ouvidos *à* Sua Voz

Muitas pessoas reagiram à minha pregação confessando sua fé em Cristo e se convertendo. Meus professores e colegas de classe pareciam afirmar que este ministério era bom e certo para mim. Mas eu queria pregar por toda a minha existência? Questionei a mim mesmo pela milionésima vez em minhas caminhadas noturnas ao redor do campo de golfe. No meu interior, a irresistível ânsia não cessava. Finalmente, numa noite, dobrei os meus joelhos no gramado... Depois prostrei-me no gramado úmido: "Ó Deus", solucei, "Se quiseres que eu te sirva, eu farei". O luar, o musgo, a brisa, o campo de golfe — tudo em volta permaneceu o mesmo. Nenhum sinal no céu. Nenhuma voz vinda de cima. Mas no meu espírito eu sabia que tinha sido chamado para o ministério. E sabia que minha resposta era sim.

Billy Graham, *Just As I Am*

Princípio de Vida 8

É NECESSÁRIO *que* ELE CRESÇA *e* EU DIMINUA

Billy Graham compartilha o compromisso de João Batista de abrir caminho para que a total medida da glória e poder de Deus possa ser revelada.

Após ter assistido ao evangelismo na Escola de Pittsbugh, um estudante disse: "Fui a Filadélfia encontrar um grande homem [Billy Graham] e voltei para casa com nenhum outro desejo se não de servir ao evangelho do grande Salvador".

RUSS BUSBY

Escola de Evangelismo
Birmingham, Alabama
1972

É Necessário *que* Ele Cresça *e* Eu Diminua

Acredito que não há outro evangelista que seja tão consagrado como Billy, em sua pureza de vida e simplicidade, o que é tão bonito. Existem homens que são muito comoventes. Homens que são muito talentosos e que têm muito carisma, mas nós não temos homens com registro claro estabelecido de generosidade de discipulado cristão que se possa comparar. Nós simplesmente não temos.

James H. Landes

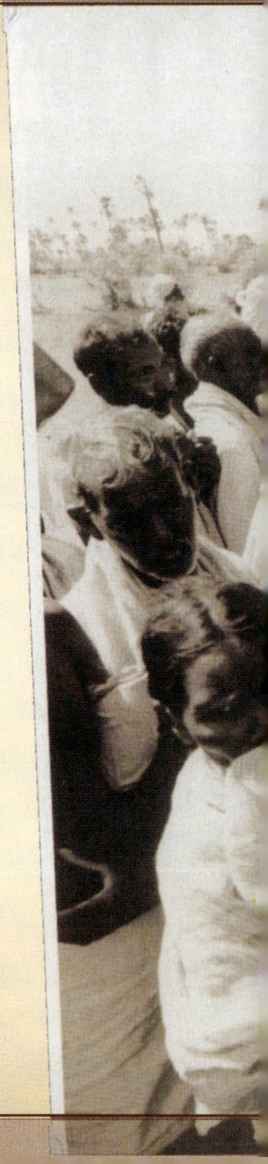

Dividindo sua aflição;
vítimas da chuva,
Índia, 1977

É Necessário *que* Ele Cresça *e* Eu Diminua

Acho que minha real simpatia por Billy Graham... foi na Cruzada de Londres, em 1954. Em uma noite, quando a grande oportunidade surgiu,... perguntei-lhe: "Billy, como você se sente quando tantas pessoas respondem ao apelo?" Depois de um momento de reflexão ele virou-se e disse: "Bem, Bob... acho que me sinto da mesma forma como você. Há momentos decisivos onde tenho de andar depressa. Eu vou para trás do microfone e entro em oração... A partir deste momento, simplesmente observo o que Deus vai fazer, e é isto o que você provavelmente faria"... Ele está ciente de que isto é um trabalho de Deus e faz questão de manter distância dos holofotes a qualquer momento para que a obra de Deus possa continuar.

Robert O. Ferm

Cruzada, 1969

É Necessário *que* Ele Cresça *e* Eu Diminua

Se nada tivesse acontecido em minha vida, teria sido unicamente a vontade de Deus, não a minha, e Ele — não eu — deveria merecer o crédito.

Billy Graham, *Just As I Am*

Portland, Oregon, 1968

Princípio de Vida 9

NÃO DECLINES NEM *para a* DIREITA NEM *para a* ESQUERDA

O compromisso de Billy Graham com o Senhor e o seu ministério nunca vacilou. Apesar das oportunidades que têm surgido, ele tem permanecido fiel a sua chamada.

Houve muitas decisões... que ele mesmo tomou imediatamente após a sua conversão. E posso dizer isto: Billy nunca pensou em retroceder... Ele firmou compromisso com o Senhor quando foi salvo. E creio que o Senhor recompensou isto.

MARROW COFFEY GRAHAM

Sempre crescendo

NÃO DECLINES NEM *para a* DIREITA NEM *para a* ESQUERDA

Sr. Minder... partiu naquele verão e deixou Billy encarregado. Ele foi direto à livraria do Sr. Minde e começou a ler os melhores livros sobre a Bíblia. É claro que lhe enviamos algumas obras. Ele realmente as "devorou" e depois a Palavra de Deus. Ele amadureceu naquele verão. Não havia uma carta que viesse de Billy que não dissesse alguma coisa acerca da Bíblia e do Senhor e o quanto ele estava estudando, o quanto queria crescer e o quanto estava orando por crescimento em sua vida. Cada carta era exatamente cheia de coisas como esta.

MORROW COFFEY GRAHAM

Em um antigo sermão

NÃO DECLINES NEM *para a* DIREITA NEM *para a* ESQUERDA

Lembro-me de seu primeiro ano na faculdade. Dr. Edman [o reitor] chamou-o em seu escritório e disse: "Billy, vejo que você está comprometido para ser pastor de igreja neste ano. Você não pode fazer isto com sua agenda lotada. Simplesmente não pode"... E Billy disse: "Bem, acredito que o Senhor me chamou para fazer isto, Sr. Edman". Eles conversaram e discutiram os prós e os contras, e Billy ainda disse: "Acredito que esta é a vontade de Deus. Vou fazer uma tentativa. Posso falhar, mas estou disposto a tentar"... Ele assumiu [o cargo na igreja] e se saiu maravilhosamente bem. Também era presidente da classe sênior.

MORROW COFFEY GRAHAM

Ajudando a mocidade,
Grã-Bretanha, 1966

NÃO DECLINES NEM *para a* DIREITA NEM *para a* ESQUERDA

Billy... tem um coração afetuoso que alcança tanto os incultos como os intelectuais. Billy nunca bateu de frente com ninguém... ou executou uma campanha publicitária contra seus críticos. ... Disse-me, francamente, quando estava com ele um dia, que nunca responderia a seus críticos e que nunca tentaria revidar-lhes. Eles teriam o direito de criticar se quisessem, no entanto, seu trabalho era pregar o evangelho e iria permanecer nisto... nunca voltaria atrás. Por esta razão, eu o admiro muito e o considero pela maneira como tem se empenhado na obra a qual Deus o tem chamado.

OSWALD J. SMITH

Cruzada, 1960

Não Declines Nem *para a* Direita Nem *para a* Esquerda

Eu estava em Houston, Texas, quando um certo indivíduo queria que Billy se candidatasse a presidente e deu-lhe um cheque de milhões de dólares para começar a candidatura. Nunca me esquecerei a reunião na sala de Billy com membros da equipe e como discutimos os diferentes cargos que gostaríamos de ter quando ele fosse presidente. Grady queria ser secretário de negócios internos a fim de que pudesse caçar. Nunca me esquecerei disso! George Wilson queria ser diretor geral dos correios a fim de que pudesse fazer durar o serviço postal e eu queria ser embaixador na Holanda. Mas depois de todo o plano estar arquitetado, Billy disse: "Não, o Senhor me chamou para uma obra diferente", e devolveu o cheque.

Robert Van Kampen

Cruzada, 1982

NÃO DECLINES NEM *para a* DIREITA NEM *para a* ESQUERDA

Durante o almoço, Frank me fez uma proposta: "Billy, a MGM contratou um evangelista chamado Clifford para atuar em um de seus filmes. Entretanto, nós da Paramount achamos que o seu nome e habilidade seriam superiores, e gostaríamos de perguntar se você aceita fazer este filme conosco". Olhei no fundo de seus olhos, com os outros ouvindo, e disse-lhe que Deus me chamou para pregar o evangelho e que eu nunca faria qualquer outra coisa enquanto vivesse.
E depois relatei minha própria experiência com Cristo para benefício de todos aqueles à mesa.

BILLY GRAHAM, *JUST AS I AM*

Princípio de Vida 10

Os *que* Agem Fielmente São *o* Seu Deleite

Apesar de ser uma figura internacional, Billy Graham manteve sua genuinidade, sua integridade e seu compromisso em ser acessível a pessoas de todos os níveis.

Não sou um herói adorador e detesto primadona... mas aprecio a personalidade de Billy e se não fosse verdadeiro, não poderia trabalhar com ele por muito tempo. Não estaria satisfeito. Mas o achei muito verdadeiro e honesto. Não o venero. Aprecio seu ministério... e a forma como ele apresenta a Cristo.

Russ Busby

Cruzada, 1969

Os *que* Agem Fielmente São *o* Seu Deleite

Por ser uma igreja pequena, fizemos algumas mudanças que Billy sugeriu... Todos os nossos boletins, cartões de visitas e nossas etiquetas [anunciavam] a igreja do bairro, e colocamos no cabeçalho: "Rev. William F. Graham, Pastor". Billy não aceitou o cabeçalho e mandou que eu refizesse tudo porque não queria ser chamado de "William" ou "Rev. William F. Graham"; teria de ser "Pastor Billy Graham". Então imprimi todas as etiquetas novamente...
Eu simplesmente achava que era apropriado. Afinal, era o seu nome. Mas Billy disse: "Não, eu quero que as pessoas me chamem de Billy a fim de que possam sentir que podem vir até a mim com quaisquer problemas ou necessidades".

Robert Van Kampen

Os *que* Agem Fielmente São *o* Seu Deleite

Ele tem permanecido fiel. Conheci muitos pregadores, evangelistas e outros. Quando você os conhece realmente bem, ficará desapontado com algumas de suas atividades. Mas este não é o caso de Billy.

Robert Van Kampen

Eu me aproximei para apreciar esta qualidade: ele não tem duas caras. É independente. Ele é o mesmo onde quer que se encontre.

Robert O. Ferm

Relaxando em sua casa, 197

Os *que* Agem Fielmente São *o* Seu Deleite

A tendência entre alguns evangelistas era exagerar seus sucessos ou reivindicar maior quantidade de atenção do que eles realmente tinham. Por outro lado, isso causava descrédito no evangelismo e colocava todo o empreendimento sob suspeitas. Portanto, isso fez com que a multidão de evangelistas suspeitos que eles recusaram, dessem satisfação de seus trabalhos. Em Modesto, nós mesmos confiamos em nossa publicidade e em nossa reportagem.

Billy Graham, Just As I Am

Cruzada, 1950

Houston, 1965

Princípio de Vida 11

Sem Mim Nada Podereis Fazer

A consciência que Billy Graham têm de sua dependência em Cristo mantêm seu ministério fundamentado no poder de Deus.

Em Lubbock, Texas, na reunião do comitê, ele disse: "Sinto que sou um espectador olhando o que Deus está fazendo". Ele estava falando sobre o encontro da cruzada e como as pessoas se entregavam a Cristo a cada noite.

Quando Billy se levantou para dar o comentário final, declarou: "Tudo o que tenho conseguido fazer devo a Jesus Cristo". Este para mim é o verdadeiro Billy Graham.

Russ Busby

Em oração

Sem Mim Nada Podereis Fazer

Lembro-me do primeiro trabalho em Charlotte, em 1947. Pensei: Este jovem tem uma grande fé. Ele convidou as pessoas a virem à frente. Elas estão cantando, e ele mantém os seus olhos fechados, suas mãos dobradas; ele está quieto agora. Não está falando como muitos outros. Ele quietamente esperou e orou enquanto o hino estava sendo cantado, e eles vieram em grande número.

George Beverly Shea

Escócia 1991
Com Billy Graham
ABERDEEN - PITTODRIE
0, 31 DE MAIO E 1 DE JUNHO

SEM MIM NADA PODEREIS FAZER

Enquanto a cruzada ganhava força, tornei-me mais e mais dependente de Deus. Eu sabia que tudo o que tinha acontecido na Grã-Bretanha foi obra de Deus.

Se nós tomássemos o controle ou começássemos a tirar vantagem pelo que estava acontecendo, a bênção do Senhor seria retirada. Sabia que isso também se devia ao trabalho de muitas pessoas dedicadas da nossa equipe. Eu era apenas o pregador, o mensageiro. Nada do que estava acontecendo poderia ter acontecido sem Deus e toda a ajuda que tivemos.

BILLY GRAHAM, *JUST AS I AM*

Princípio de Vida 12

SEJAMOS COOPERADORES *da* VERDADE

Reconhecendo o valor do trabalho em equipe, Billy Graham sempre esteve certo de que seu ministério se deve à equipe e à comunidade cristã, não nele como indivíduo.

Billy sempre deu importância à igreja local a partir do momento que sai da cidade [para uma Cruzada] até o momento em que chega na cidade. ... Ele sempre envolve esses líderes a fim de que saibam o que está acontecendo, e não fiquem surpresos ou chocados pelo fato de ele estar recrutando-os. Desta forma, assim como ele progride, eles progridem também. Esta questão tem sido verdadeira por todo o seu caminho. Billy acredita na igreja local. Compreende que quando vai embora, a igreja local faz parte do corpo de Cristo e deve continuar a edificar e ministrar para aqueles que são redimidos pela graça de nosso Senhor Jesus Cristo.

JAMES H. LANDES

Pregando na igreja, 1980

SEJAMOS COOPERADORES *da* VERDADE

Algo que significa muito para mim está contido em 1 Coríntios 3.5: "Nós somos representantes de Deus para conduzir os outros à fé. Cada um de nós desempenha uma tarefa designada pelo Senhor" (interpretação do autor). E, pessoalmente, sinto que isso tem a ver com a equipe inteira; cada um está fazendo sua tarefa que Deus designou. Como Billy é o primeiro a admitir, é um esforço de equipe.

RUSS BUSBY

Equipe de música, 1967

Sejamos Cooperadores *da* Verdade

Enquanto reflito... na metade do século, percebi mais do que nunca que este ministério tem sido um esforço de equipe. Sem a ajuda de outros — de nossos patrocinadores, de nossos parceiros de oração, nossa equipe e nosso conselho de diretores — este ministério não seria possível.

Billy Graham, *Just As I Am*

Billy, George Beverly Shea,
Cliff Barrows

Pregando na igreja

Princípios de Vida 13

E, Tudo Quanto Fizerdes, Fazei-o *de* Todo o Coração

Billy Graham nunca teve medo de trabalhar duro — ao contrário, ele tem abraçado e acolhido esta causa para o Senhor.

Sempre tive a impressão de que ele era uma pessoa "determinada". Muitos seminaristas das escolas e seminários, tanto agora como depois, esperarão até que chegue um convite da igreja perguntando: "Você poderia, por favor, enviar-nos uma pessoa que possa ensinar na Escola Dominical?" Mas Billy nunca esperou por alguém que o enviasse. Ele mesmo criou suas oportunidades para ir e pregar.

Roy Gustafson

Sempre preparado

E, Tudo Quanto Fizerdes, Fazei-o *de* Todo o Coração

Até seu ministério é conceituado... Billy estava sempre preparado. Ele costumava carregar um pequeno livro de bolso de sermões de Biederwolff, e outros livros da Moody Colportage. Descia até as margens do rio Hillsboro e colocava aquele livro no tronco de cipreste. Memorizava um parágrafo ou dois, e depois corria para cima e para baixo naquela ribanceira e pregava para os troncos. ... Ele memorizava estes sermões e fazia deles os seus próprios.

Roy Gustafson

Cruzada, 1971

E, Tudo Quanto Fizerdes, Fazei-o *de* Todo o Coração

Esgotado como eu estava, física, mental e emocionalmente [na Campanha de Los Angeles], experimentei a infalível graça de Deus numa incessante renovação espiritual. Eu queria que a campanha terminasse, mas estava convencido de que Deus queria que continuasse.
Todas as minhas reservas pessoais estavam esgotadas;
Tive de colocar minha inteira dependência e força no Senhor para pregar as mensagens. Paulo escreveu: "O meu poder [de Deus] se aperfeiçoa na fraqueza... Porque quando estou fraco, então, sou forte" (2 Co 12.9, 10). A impressão que tive é que aquele corpo enfraquecido tornou-se o mais poderoso, e Deus usou minhas simples palavras.

Billy Graham, *Just As I Am*

Princípio de Vida 14

... Nem *por* Torpe Ganância, *mas de* Ânimo Pronto

A integridade financeira de Billy Graham tem feito dele um modelo de mordomia do cristianismo e mantido sua reputação livre das censuras de críticos.

Eu me emociono ao dizer que nunca vi uma organização que administra tão cuidadosamente — através do escritório em Minneapolis e de cada pessoa dedicada —, em todos os sentidos, o dinheiro de Deus. Não há nenhum centavo desperdiçado, nenhum. Nem dinheiro empregado de forma errada. Isso é excelente, e esta é a razão por que o apoiamos de todo o coração.

Mary Crowley

Sudeste da Ásia, 1975

... Nem *por* Torpe Ganância, *mas de* Ânimo Pronto

Em 1949,Cliff Barrows, Billy Graham e eu estávamos na Conferência Bíblica Maranata em Muskegon, Michigan. Billy e Cliff estavam se tornando bem conhecidos. Dr. Henry Savage, o diretor da conferência, ia dar uma oferta para o trabalho de Billy. No entanto, Billy disse: "Por favor, não me dê dinheiro. Dê a Roy, para o seu trabalho nas Índias Ocidentais". A doação era a maior quantia que eu já havia recebido, perfazendo um valor de 2.300 dólares. Isso contribuiu para que eu me juntasse a duas outras campanhas evangélicas em Belize e Honduras Britânica,... a primeira deste tipo naquela cidade. Uma igreja próspera que existe até hoje.

Roy Gustafson

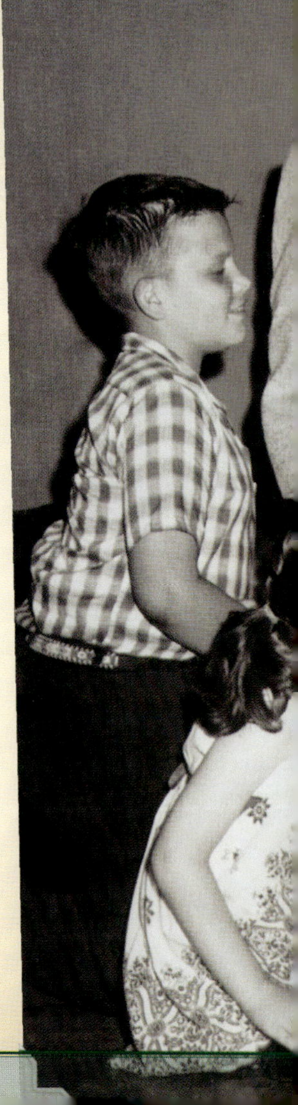

em, 1957

... Nem *por* Torpe Ganância, *mas de* Ânimo Pronto

Ele abre mão para evitar as críticas. Sei disso porque fui tesoureiro e por alguns anos presidente do comitê executivo. Tentei fazer com que Billy ganhasse um salário melhor, e ele recusou absolutamente. Ele disse: "Eu vou ganhar o salário de pastor de uma igreja de bom tamanho visto que estou fazendo o trabalho de um pastor, e não quero nenhuma recompensa especial"... Ele sente que é um pastor-voluntário e não quer ser acusado de estar fazendo este trabalho por dinheiro.

... Existem duas coisas com que Billy tem muito cuidado. Uma é o dinheiro, e outra é que ele nunca esteja envolvido em nenhum escândalo de espécie alguma.

Robert Van Kampen

Pastor-voluntário, 1980

... Nem *por* Torpe Ganância, *mas de* Ânimo Pronto

Querendo ou não, o dinheiro é uma parte essencial de qualquer ministério, e a garantia deve ser colocada no lugar para evitar abusos ou desentendimentos e para controlar todas as finanças com integridade e franqueza. Muitos de nossos recursos financeiros procedem de milhares de pessoas que nos enviam contribuições todo mês.

Não temos muitas instituições por trás de nós, e somos relativamente dependentes de pequenas doações para reunir nossas despesas a cada ano.

Billy Graham, Just As I Am

Com sua esposa, Ruth,
Coréia do Sul, 1973

Orando continuamente

Princípios de Vida 15

ORAI SEM CESSAR

A oração tem sido a base do ministério de Billy Graham, precedendo e encerrando cada um de seus esforços.

[Uma vez, em um encontro de equipe, ele fez esta declaração: "Até acreditarmos que o homem está realmente perdido, perdemos 'o fio de corte' do nosso ministério". Esta é a razão de ele ser um líder, pelo fato de que é o primeiro a ir humildemente a Deus em oração.

RUSS BUSBY

Orai Sem Cessar

Nunca me esquecerei de uma experiência particular que Billy, Logsdon e eu tivemos depois de uma manhã de reuniões na Conferência Bíblica Maranata. Nós três estávamos olhando a aurora boreal... Estava na hora de dormir, mas alguma coisa sugeria que passássemos um tempo em oração antes de nos separarmos. Apesar de estarmos no meio de um campo, nos ajoelhamos enquanto orávamos... Quando Billy se virou, abri os meus olhos e não parecia que ele estava orando na posição de joelhos. E ele não estava! Vestido com seu belo terno, estava prostrado com seu rosto inclinado na grama... Billy não estava tentando nos impressionar... Aqueles que o conhecem saberão dizer melhor que ele é transparente e sempre tem sido. Naquela noite, estávamos clamando a Deus por sua própria vida e pelo seu ministério, a fim de que a bênção e a mão do Senhor pudesse estar sobre ele.

Roy Gustafson

Cruzada, 1974

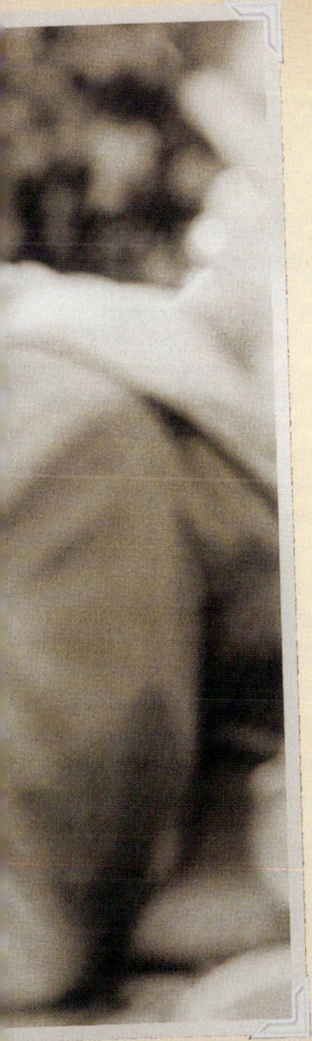

ORAI SEM CESSAR

Uma vez perguntei a Billy Graham porque seu ministério tem sido tão abençoado por Deus enquanto há tantos outros ministérios lá fora que não têm o mesmo impacto como o dele. Ele respondeu que a Bíblia declara-nos que devemos "orar sem cessar" e que a razão por que seu ministério tem sido abençoado é que ele verdadeiramente faz isto. Ele ora sem cessar, e isso faz a diferença.

JERRY JENKINS